Monstruos Matemáticos

CONSERVACIÓN NUMÉRICA

Planta melones monstruosos

Basado en la serie de televisión pública
Math Monsters™**, desarrollada en colaboración con el**
Consejo Nacional de Maestros de Matemáticas (NCTM).

por John Burstein

Consultora de lectura: Susan Nations, M. Ed., autora/tutora de alfabetización/consultora
Consultores curriculares de matemáticas: Marti Wolfe, M.Ed., maestro/conferenciante;
Kristi Hardi-Gilson, B.A., maestra/conferenciante

WEEKLY WR READER®
EARLY LEARNING LIBRARY

Please visit our web site at: **www.earlyliteracy.cc**
For a free color catalog describing Weekly Reader® Early Learning Library's list
of high-quality books, call 1-877-445-5824 (USA) or 1-800-387-3178 (Canada).
Weekly Reader® Early Learning Library's fax: (414) 336-0164.

Library of Congress Cataloging-in-Publication Data

Burstein, John.
     [Number conservation. Spanish]
     Conservación numérica : planta melones monstruosos / John Burstein.
          p. cm. — (Monstruos matemáticos)
     ISBN 0-8368-6667-3 (lib. bdg.)
     ISBN 0-8368-6682-7 (softcover)
     1. Number concept—Juvenile literature.   I. Title.
     QA141.15.B8618   2006
     513—dc22   2005036275

This edition first published in 2006 by
Weekly Reader® Early Learning Library
330 West Olive Street, Suite 100
Milwaukee, WI 53212 USA

Text and artwork copyright © 2006 by Slim Goodbody Corp. (www.slimgoodbody.com).
This edition copyright © 2006 by Weekly Reader® Early Learning Library.

Original Math Monsters™ animation: Destiny Images
Art direction, cover design, and page layout: Tammy West
Editor: JoAnn Early Macken
Translators: Tatiana Acosta and Guillermo Gutiérrez

Printed in the United States of America

1 2 3 4 5 6 7 8 9 09 08 07 06

Usted puede enriquecer la experiencia matemática de los niños
ayudándolos cuando aborden la sección Esquina de Preguntas
de este libro. Tenga un cuaderno especial para anotar las ideas
matemáticas que sugieran.

La conservación numérica y las matemáticas

Explorar el concepto de conservación numérica puede ayudar a los niños
a entender que el número, la cantidad y el tamaño de los objetos no
cambian cuando los desplazamos, los reordenamos o los escondemos.

Conoce a los Monstruos Matemáticos™

Sumito se divierte
como ninguno.
"Resuelvo los problemas
uno a uno."

SUMITO

Restia vuela
de aquí para allá.
"Encuentro respuestas
en cualquier lugar."

RESTIA

Multiplex siempre
piensa por dos.
"Con mis dos cabezas
calculo mejor."

MULTIPLEX

Divi, gran amiga,
te saca de dudas.
"Cuenta conmigo,
si quieres ayuda."

DIVI

**Nos encanta que quieras mirar
el libro que te vamos a enseñar.**

**Cuando lo leas vas a descubrir
que las matemáticas te van a servir.**

**Comencemos, ¡es hora ya!
Pasa la página, ¡vamos a empezar!**

Una cálida y soleada mañana, Sumito había salido con los otros Monstruos Matemáticos. Iba cantando una alegre canción:

"Los días son más largos.
Es una estación nueva.
¡Llegó la primavera!

El sol nos da calor.
Pasamos el día fuera.
¡Llegó la primavera!

Salgamos al jardín,
las flores nos esperan.
¡Llegó la primavera!"

"Plantemos un huerto", dijo.

"Tenemos mucho espacio", dijo Divi.

"¡Plantemos dos huertos!"

¿Qué plantarías si tuvieras tu propio huerto?

"Llamemos al vivero de la Tía Lipana. Le podemos pedir algunas semillas", dijo Multiplex.

"Hola", dijo la Tía Lipana. "¿En qué puedo ayudarlos?"

"¿Nos podrías traer algunas semillas?", preguntó Multiplex.

"¿Qué tipo de semillas necesitan? Tengo de muchas clases", dijo ella.

¿Qué tipos de semillas crees que tiene la Tía Lipana?

7

"¿Desean algo especial,
que tenga gran sabor?
Un árbol que dé pizzas
puede ser lo mejor.

Unas flores de prétzel
o de helado de mora
tienen buenas semillas.
Crecen en una hora."

*¿Qué otros tipos
de plantas
imaginarias
se te ocurren?*

"¿Tienes semillas de melon monstruoso?", preguntó Multiplex.

"Claro que sí", dijo la Tía Lipana. "Se las llevaré
enseguida."

"Estamos plantando dos huertos", dijo Multiplex. "¿Puedes
traer las semillas en dos pilas?"

"¿Quieren el mismo número de semillas en cada pila?", preguntó la Tía Lipana.

"Sí, por favor", dijo Multiplex.

¿Por qué crees que los monstruos quieren el mismo número de semillas en cada pila?

"Me parece bien. Pondré el mismo número de semillas en cada pila", dijo ella.

La Tía Lipana fue al huerto en su camión y dejó las semillas en dos pilas.

Los monstruos observaron una pila.
Luego, observaron la otra.

"Estas pilas no parecen iguales", dijo
Multiplex. "¿Cómo es posible que
tengan el mismo número de semillas?"

"Vamos a comprobarlo", dijo Divi.

¿Qué crees que pueden hacer los monstruos para comprobarlo?

"Contaré las semillas en ambas pilas", dijo Restia.
Trató de contar las semillas. Algunas se le cayeron. Otras rodaron. Contó algunas dos veces. Dejó otras sin contar.
"Esto no funciona", dijo Restia.

"Vamos a mover las semillas", dijo Restia. "Podemos alinearlas en dos filas. Así podremos ver qué fila tiene más semillas."

¿Qué crees que descubrirán los monstruos?

Los monstruos hicieron dos filas.

"Una fila es corta y una fila es larga", dijo Sumito.

"La Tía Lipana debe haber puesto más semillas en una de las pilas", dijo Divi. "Vamos a llamarla para preguntarle."

Los monstruos llamaron a la Tía Lipana. Ella dijo: "Estoy segura de que las dos pilas tenían el mismo número de semillas. Por favor, cuéntenlas y compruébenlo".

¿Crees que será más fácil contar las semillas ahora que están en filas? ¿Por qué?

Contar las semillas en filas fue mucho más fácil. Divi contó las dos filas.

Cada fila tenía treinta y cinco semillas.

"No entiendo", dijo Sumito. "Una fila es más larga que la otra."

"¿Cómo es posible que las dos filas tengan el mismo número de semillas?", preguntó Multiplex.

¿Por qué las filas no se ven iguales aunque tienen el mismo número de semillas?

"Las semillas de una fila están más separadas", dijo
Sumito. "Las semillas de la otra fila están más juntas. Pero
treinta y cinco semillas siguen siendo treinta y cinco semillas,
las pongas como las pongas."

Los monstruos plantaron las semillas.

"Vamos a regarlas", dijo Divi.

Los monstruos tenían dos mangueras.

"¿Es una más larga que la otra, o son iguales?", preguntó Restia.

¿Tú qué crees? ¿Qué pueden hacer los monstruos para saberlo?

21

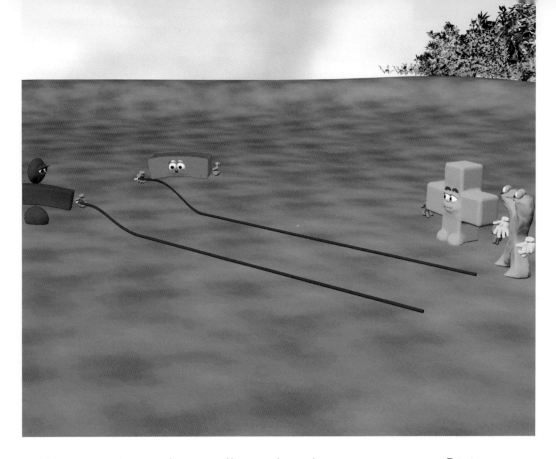

Los monstruos desenrollaron las dos mangueras. Divi y
Restia alinearon las mangueras una junto a la otra.

"Ahora parecen iguales. No estaban enrolladas de la
misma manera", dijo Multiplex.

"Vamos a trabajar", dijo Divi.

En poco tiempo, las semillas crecieron hasta convertirse en unos enormes melones monstruosos. Se veían riquísimos. Los monstruos se pusieron a cantar:

"Los melones monstruosos
son ricos y muy jugosos.
Si los cortas en dos trozos
verás que son deliciosos."

Un melón cortado en dos mitades, ¿es más que el melón entero, o es lo mismo? ¿Por qué?

ACTIVIDADES

Página 5 Converse con los niños sobre las distintas cosas que se pueden sembrar en un huerto. Planeen juntos un huerto. Hablen del tamaño y la forma que tendría, y del número y la clase de plantas que sembrarían.

Página 7 Visite un vivero con los niños o echen un vistazo a un catálogo de jardinería. Hablen sobre cómo las semillas se convierten en plantas.

Página 9 Pida a los niños que dibujen algunas plantas imaginarias.

Página 11 La idea de repartir las cosas de manera equitativa es un concepto importante para los niños. Conversen sobre en qué ocasiones esto resulta especialmente importante, como a la hora de elegir equipos o de que se les asignen tareas.

Páginas 13, 15, 17 Modele la historia de los monstruos usando cosas como bayas, pasas o nueces. Pida a los niños que separen una pila en dos pilas iguales. Cuenten para comprobar que ambas pilas tienen el mismo número de elementos. Ahora, pónganlas en dos filas iguales y vuélvanlas a contar. ¿Resulta más fácil?

Página 19 Haga una fila más larga aumentando el espacio entre los objetos que usaron. Junte los objetos para hacer la otra fila más corta. Pregunte a los niños si ambas filas siguen teniendo el mismo número de objetos. Para comprobarlo, vuelva a alinear los objetos espaciándolos de manera uniforme.

Página 21 Use dos cuerdas de la misma longitud. Enrolle una y estire la otra. Pregunte a los niños si alguna es más larga. Muéstreles que son del mismo tamaño. Varíe las longitudes de las cuerdas haciendo curvas y zigzags.

Página 23 Haga dos bolas iguales de arcilla. Entregue una bola entera a alguien. Pida a otra persona que corte la otra bola por la mitad. Hable con los niños sobre si esa persona tiene más o menos arcilla, o la misma cantidad.